AF242755

LK 3942.

NOTICE

SUR

La ville des Sables-d'Olonne.

1846

Bourbon-Vendée, Imp. IVONNET.

NOTICE

La ville des Sables-d'Olonne.

La ville des Sables-d'Olonne, située sur l'Océan, dans l'anse formée par l'Ile-Dieu et l'Ile-de-Ré, à la pointe la plus saillante du golfe qui s'ouvre entre Nantes et La Rochelle, tire son nom des dunes de sable au milieu des quelles elle a été bâtie et du bourg d'Olonne dont elle a été longtemps une dépendance et qui possédait des églises considérables dès le commencement du XIe siècle. Elle est formée de trois ou quatre longues rues presque parallèles entr'elles et à la direction de la côte, et plusieurs petites rues transversales. Baignée d'un côté par la mer et de l'autre par le port, elle forme une presqu'île qui ne tient au continent que du côté de l'Est. A l'extrémité et à l'ouest des Sables-d'Olonne se trouve un quartier appelé la *Chaume-d'Olonne* qui est séparé de la ville par le canal conduisant de la mer au port.

L'histoire ne fait point connaître les commencements de la ville des Sables-d'Olonne. Quelques auteurs croient pouvoir placer dans ce lieu le port désigné par les anciens géographes sous le nom de *Portus secor*, mais cette opinion est fort contestable. Suivant une tradition locale, la ville des Sables-d'Olonne devrait son origine à quelques

pêcheurs basques qui, sans cesse occupés de la
pêche de la sardine et poursuivant ce poisson sur
les côtes du Poitou, seraient venus établir quelques habitations sur les dunes d'Olonne. Quelle
que soit l'exactitude de cette tradition que ne con-
firme aucun document historique, il est certain
que, sur le rivage de l'Océan où s'élève aujour-
d'hui la ville des Sables-d'Olonne, il n'y a eu, pendant les premiers siècles de la monarchie française
aucun événement dont on ait conservé le souve-
nir (1). C'est sans doute à l'époque de l'invasion
des Normands sur les côtes de l'Armorique et du
Poitou et ensuite au temps des premières guerres
séculaires entre la France et l'Angleterre, qu'a
commencé à se faire sentir l'importance maritime
des Sables. L'historien du Poitou, Thibeaudeau,
dit qu'en 817 les Normands entrèrent en Poitou
par les Sables-d'Olonne et ravagèrent tout ce qui
se trouva sur leur passage. Le plus ancien monument qui existe actuellement dans la ville est une
vieille tour servant de phare, appelée la *Tour d'A-
rundel*. Or, on trouve dans l'histoire des guerres
entre la France et l'Angleterre que, de 1387 à
1388, Richard, comte d'Arundel, a commandé les
troupes anglaises débarquées en Poitou. Il est pro-

---

(1) Des chartes de 1211, 1272, 1279, 1282, etc, constatent
l'existence des Sables comme localité importante au XIIIe
siècle. Une charte de 1399 et une autre de 1401, relatives
a une contestation entre le prieur du prieuré de Notre-
Dame-d'Olonne et les habitants des Sables, donnent aux
Sables-d'Olonne le titre de *ville*.

bable que c'est de cette époque que date la Tour d'Arundel au pied de laquelle on voit encore les débris d'un château qui servait à défendre l'entrée du port. Une autre tour, qui n'existe plus, avait été élevé sur le territoire actuel de la ville, vis-à-vis de la magnifique plage située au sud; elle communiquait à un chemin couvert, de plus de mille mètres de longueur, destiné, en cas de descente des ennemis, à sauver les sentinelles échelonnées sur la côte.

Quoiqu'oublié par l'histoire pendant les premières guerres entre la France et l'Angleterre, le port des Sables-d'Olonne, sur la fin de cette longue lutte entre les deux grandes nations, était déjà devenu l'un des plus renommés du royaume de France. On lit en effet dans une ordonnance de Louis XI du 10 novembre 1472 que « *si la ville des Sables* était close et fermée de tours, portaulx « et murailles, en manière qu'elle fust deffensa- « ble et que les marchands et marchandises ve- « nans au port et hâvre dudict lieu peussent être « en sûreté, il adviendrait un grand bien et prouf- « fit à la chose publique du royaulme, *parce que* « *ledict port qui est bon et bien seur et autant et plus* « *que nul autre port ou hâvre du royaulme, pour-* « *rait avoir tel regnon (renom) que tous marchands* « *estrangiers y viendraient volontiers habunder.* »

Mais c'est surtout à la politique habile et ambitieuse de Louis XI que la ville des Sables-d'O- lonne doit le développement de sa prospérité.

Louis XI, dont tous les efforts eurent pour but de détruire la puissance de la féodalité et d'abaisser les grandes familles du royaume, avait enlevé par des manœuvres déloyales et frauduleuses, à la famille de la Trémouille les riches possessions dont elle devait hériter en Poitou des anciens vicomtes de Thouars; par lettres patentes du mois d'octobre 1472, il avait donné ces biens à Philippe de Comyne pour le récompenser d'avoir abandonné le duc de Bourgogne, Charles-le-Téméraire, et d'être entré à son service. En enlevant aux héritiers des vicomtes de Thouars les beaux domaines qu'ils avaient en Poitou pour les donner à son favori, l'astucieux monarque avait un double but ; il voulait affaiblir la féodalité en frappant une des plus grandes familles de l'époque, et il voulait se rendre maître des positions importantes du Poitou les plus voisines de la Bretagne, province alors indépendante et dont les ducs avaient sans cesse des démêlés avec les rois de France.

La partie du Poitou rapprochée de la Bretagne avait tellement fixé l'attention de Louis XI qu'il vint plusieurs fois visiter cette contrée. Il voulut mettre lui-même son nouveau favori en possession des domaines qu'il lui avait donnés. Au mois d'octobre 1472 il se rendit, accompagné de Comyne, dans le Bas-Poitou, et passa quelque temps au château de Talmond, près des Sables. Comyne qui, en Flandre avait pu apprécier l'importance du commerce maritime, remarqua que le port de

Talmond, le principal du pays, était trop avancé
dans les terres et perdrait chaque jour ses avantages par suite des attérissements que faisait la
mer en se retirant des côtes du Poitou. Il signala
sur ses nouveaux domaines le port des Sables
comme pouvant devenir un établissement de la
plus grande utilité pour la France; il proposa à
Louis XI de faire les travaux nécessaires pour que
la ville des Sables offrît à l'avenir *un port aussi
bon et aussi sûr que nul autre du royaume*. Non
seulement Louis XI, apprécia tous les avantages
commerciaux et maritimes de ce projet; mais il son-
gea encore à tirer parti de l'heureuse position
des Sables pour lutter contre l'indépendance de
la Bretagne, dont il haïssait et voulait abaisser le
duc et qui devait bientôt se réunir à la France.
Aussi, avant même de quitter le Bas-Poitou,
il signa dans une petite maison de chasse appelée *Dine-chien* et située près de Puybelliard,
l'ordonnance du 10 novembre 1472 par laquelle, sur la requête de Comyne « il exempte et
« affranchit les habitants des paroisses d'Olonne
« et de la Chaume de toutes tailles et aydes quel-
« conq   moyennant qu'ils seront tenus de faire
« clore et fermer de tours, portaulx et murailles
« ladicte ville des Sables et y faire les fortifications
« advisées par les sires de Bressuire et du Fou. »

Ces travaux étaient d'une grande importance
puisqu'indépendamment de tout ce que devaient
faire eux-mêmes les habitants d'Olonne et de la

Chaume, le roi donnait cinq mille livres, somme considérable pour l'époque.

Le roi, pour l'administration de la nouvelle cité qu'il faisait fortifier, créa, par la même ordonnance, un prévôt et quatre jurés chargés « de « toutes choses appertenantes à ladicte police, for- « tification et entretennement d'icelle ville, et au- « tres affaires communes entr'eux, de imposer sur « les habitants les sommes selon les cas pour le « bien de ladicte ville, et de imposer sur les mar- « chands estrangiers aucun ayde si la nécessité le « requiert.... et aussi de contraindre les habitants « de la paroisse d'Olonne à aller faire le guet en « ladicte ville des Sables, en cas de péril évident, etc. » Ce prévôt et ces jurés étaient à la nomina- tion du seigneur d'Olonne qui les choisissait par- mi des candidats présentés en nombre double par les habitants, « affin, dit l'ordonnance, que aux- dits prévôts et jurés soient promus des person- « nes notables et féables. » Ils étaient renouvelés tous les ans et devaient rendre compte de leur gestion à leurs successeurs. Ils étaient rééligibles.

Les prévisions de Comyne ne tardèrent pas à se réaliser. La ville des Sables-d'Olonne se déve- loppa rapidement et son port devint bientôt l'un des plus importants de l'Océan. Quelques années à peine après l'exécution des travaux ordonnés par Louis XI, Louis de la Trémouille, seigneur d'Olonne, auquel avaient été rendus par arrêt du Parlement, les biens dont s'était injustement emparé Comyne, écrivait en 1498 au roi Charles VIII que 80 à 100 navires mouillaient chaque année aux Sables-d'Olonne pour aller chercher du sel à Noirmoutier, dans l'Ile de-Ré, etc.

A cette époque un grand événement occupa le vieux monde et exerça sur la ville des Sables une immense influence. Christophe Colomb, Vasco de Gama et Améric Vespuce trouvèrent au delà des mers les terres inconnues jusqu'alors d'un autre hémisphère. La navigation s'étendit dans le nouveau monde, et les Sablais furent des premiers à prendre la route de l'Amérique vers laquelle se précipita de toutes parts le commerce.

C'est principalement par la pêche de la morue sur le grand banc de Terre-Neuve, dans la baie du Canada, à l'île Saint-Pierre et au Banc-Vert que se distinguèrent les habitants des Sables. Cette pêche lointaine ne commença pour la France que vers la fin du XVIe siècle, et, dès ce moment la ville des Sables y envoya un grand nombre de navires. Ce genre d'industrie imprima à la ville une activité toute nouvelle. Des ateliers de tous genres tels que des forges, des corderies se créèrent de toutes parts dans son sein, et lui donnèrent un remarquable accroissement.

Au nombre des événements qui contribuèrent à augmenter et à vivifier la ville des Sables, il ne faut pas oublier l'expulsion des Maures de l'Espagne. La population mauresque, qui se faisait remarquer en Espagne depuis 900 ans par sa supériorité dans les arts, l'industrie et l'agriculture, fut cruellement chassée par Philippe III en 1610, du royaume catholique. De nombreuses familles de ces infortunés proscrits passèrent en Afrique. D'autres vinrent sur les côtes du Bas-Poitou et abordèrent aux Sables. La France, fidèle aux sentiments de générosité qu'elle a toujours eus pour les proscrits de tous les temps et de tous les pays, s'empressa d'accueillir avec humanité ces malheureuses victimes de l'inquisition et leur procura des navires pour les transporter à Tunis, à Alger et à Tripoli. Plusieurs d'entr'eux, attirés sans doute par la beauté du littoral de la France, la douceur de son climat et la générosité de ses habitants, se convertirent au christianisme et se fixèrent dans la ville des Sables où ils répandirent leurs lumières et leur civilisation. C'est peut-être à cette population chevaleresque, exilée de *son Paradis de Grenade*, que le langage sablais doit les expressions poétiques et pittoresques qui le distinguent et le colorent encore si vivement après plus de deux siècles. Ils perfectionnèrent les habitudes de pêche des Sablais et leur apprirent à faire usage du traineau et de la drague au lieu de la seine, de la ligne et de l'hameçon qu'on avait exclusivement employés jusqu'alors. Ils concoururent activement aux expéditions des Olonnais pour l'Amérique et la pêche de la morue.

La pêche de la morue, à laquelle la ville des Sables prit longtemps une part beaucoup plus grande qu'aucune autre ville du monde, donna lieu à une législation particulière connue sous le nom de *Législation Olonnaise* ou *Us et coutumes d'Olonne*. On sait que cette pêche est la meilleure école des marins. Aussi, les Sablais qui, dès l'âge de douze ans, allaient sur le grand banc de Terre-Neuve affronter les glaces polaires, et qui passaient la moitié de l'année sous ces âpres climats, étaient devenus les plus vigoureux et les plus intrépides navigateurs. La marine des Sables-d'Olonne, connue sous le nom de *marine Olonnaise*, acquit une grande célébrité.

Pendant les guerres civiles entre les catholiques et les protestants qui ont longtemps désolé la France et particulièrement le Bas-Poitou, la ville des Sables a été appelée à jouer un rôle important.

En 1570, Lanoue, qui était à la tête d'un corps de troupes calvinistes, vint assiéger les Sables-d'Olonne ; Charles de Rouhault, qui commandait dans cette place, avait pris toutes ses dispositions pour résister à cette attaque et se défendit avec valeur ; mais ne recevant aucun secours ni d'hommes, ni de vivres, il fut obligé de céder à la supériorité du nombre. La ville fut prise d'assaut et pillée la semaine de la passion ; les églises furent ravagées et démantelées ; il y eut 100 catholiques tués, et beaucoup de prisonniers. On trouva 30 canons, 40 navires et tant d'or et d'argent que *les calvinistes*, dit un chroniqueur, *pouvaient à point l'emporter*. Les habitants de la Chaume, zélés protestants, animés par une ancienne jalousie et par la diversité de religion, se vengèrent des Sablais, presque tous catholiques, en démolissant les murailles et en détruisant une partie de la ville. Rouhault, qui s'était d'abord sauvé, à la faveur de son cheval, dans les marais des environs des Sables, fut pris par les soldats protestants et conduit à La Rochelle.

La ville ne resta pas longtemps au pouvoir des protestants. Elle devint le centre des opérations maritimes dirigées contre La Rochelle qui fut pendant de nombreuses années le boulevard des calvinistes. Le *port des Sables*, dit un historien de La Rochelle, *était alors fameux par l'intrépidité de ses marins, rivaux et ennemis des Rochelais.* En 1575, Charles de Rouhault, qui commandait encore les catholiques sur les côtes du Bas-Poitou, s'embarqua précipitamment le 1er septembre au port des Sables, accompagné seulement de 40 gentilshommes et de 490 mousquetaires répartis sur deux vaisseaux armés de douze canons et sur vingt chaloupes prises aux Sables et à la Chaume. Rouhault fit voile vers l'Ile-de-Ré qui était au pouvoir des protestants ; mais ayant échoué dans cette entreprise, il revint chercher un refuge dans le château de la Chaume.

En 1577, la ville des Sables fut prise et pillée une seconde fois par les Huguenots. Le comte de Montgommery et de Mouy, ayant appris qu'il y avait dans le port des Sables vingt-cinq vaisseaux portugais chargés de blé, résolurent de s'en emparer. Quinze cents hommes se rendirent aisément maîtres de la ville des Sables et du bourg de la Chaume qui n'avaient point de garnison dans ce moment; mais Bouillet du Page, s'étant mis à la tête de cinquante catholiques, tous braves marins, se jeta dans le château de la Chaume. Après avoir vainement attendu des secours des chefs de l'armée royale, les assiégés capitulèrent pour 10,000 livres et à la condition que la place resterait neutre. Ils avaient obtenu qu'on leur laisserait *vie et bagues sauves.* On ne leur tint pas parole. Ils éprouvèrent tous les mauvais traitements que l'avarice, l'indiscipline, la brutalité peuvent inspirer.

Enfin, au mois de février 1622, la ville des Sables fut une troisième fois assiégée et prise par les Huguenots. Rohan-Soubise à la tête d'une forte armée vint établir son camp à la porte des Sables, au bourg d'Olonne où il laissa une partie de ses troupes. Il marcha ensuite avec trois ou quatre mille hommes sur la ville. Les catholiques firent d'abord une vigoureuse résistance et il en fut tué un grand nombre. Les assiégés, voyant qu'ils ne pouvaient se défendre plus longtemps, demandèrent à capituler. Suivant un historien, le duc de Soubise répondit qu'il ne voulait traiter qu'à deux conditions, la première qu'on lui donnerait cent mille écus; la seconde qu'on lui livrerait les plus belles filles de la ville pour lui et ses favoris. Les

Olonnais, ne pouvant pas payer la somme qu'on leur demandait et ne voulant pas se soumettre à un traité aussi honteux, répondirent qu'ils préféreraient se rendre à discrétion. Le duc leur proposa d'autres conditions : ce fut de lui payer dix mille livres et de lui fournir quatre-vingts pièces de canon et trois vaisseaux. Les Sablais acceptèrent ce traité pour se préserver du pillage; mais Soubise ne voulut pas ou ne put pas tenir sa parole. On permit aux soldats le sac de la ville pendeux heures. Ils y commirent tous les désordres imaginables et dévastèrent les églises *de manière,* dit un procès-verbal, *à n'y laisser que les quatre murs.* Le curé de la Chaume nommé Benoit et quelques habitants notables furent conduits en ôtage à La Rochelle, où Soubise envoya aussi cinq drapeaux pris aux Sables. Le curé de la Chaume, pendant sa dure captivité à la Rochelle, fit vœu que, si Dieu le délivrait des mains des rebelles, il ferait bâtir une chapelle en l'honneur de Sainte-Anne. Les cent mille livres de capitulation ayant été payées, le curé Benoit, après deux ans de captivité, revint et jeta en 1625 les fondements de l'église Sainte-Anne à la Chaume.

Les progrès de Soubise en Bas-Poitou prirent un si grand et si rapide développement que Louis XIII crut devoir venir lui-même combattre le chef des Huguenots. Le 16 avril 1622 il entra à cheval, à la tête de sa cour et d'une armée formidable, dans l'Ile-de-Rié qui fait aujourd'hui partie de

l'arrondissement des Sables d'Olonne, et où se
trouvait Soubise avec sept mille hommes et six
cents chevaux. La lutte qui allait s'engager semblait devoir être si meurtrière que chefs et soldats
employèrent toute la journée à se confesser pour
mourir en état de grâce. Le chef Huguenot pouvait se défendre, mais il manqua de résolution et
se sauva dans la nuit avec sa cavalerie pour s'em-
barquer sur la côte de Saint-Gilles, laissant plus
de deux mille morts et de sept cents prisonniers.
Le lendemain de la déroute de l'armée de Soubise, le duc de la Rochefoucaud et Chatelier-Bar-
lot se rendirent, d'après les ordres du roi, faire le
siège du château de la Chaume où s'étaient refugiés neuf cents huguenots qui mirent bas les armes, après avoir éprouvé un vigoureux assaut à
mer basse. Il se passa dans cette circonstance un
fait héroïque. Trente vaisseaux qui venaient
de La Rochelle au secours de l'armée de Soubise
et qui ignoraient la défaite de cette armée et la
prise du château de la Chaume, s'approchaient du
port des Sables, pour y entrer. « Les catholiques,
« dit l'historien du Poitou Thibeaudeau, afin de
« surprendre et de détruire cette flotte, firent
« monter sur une tour du château celui qui y
« commandait auparavant pour les protestants, et
« on l'obligea de faire signe à la flotte d'avancer.
« Les vaisseaux Rochelais envoyèrent quelques
« hommes conduits par un nommé Foran, de l'Ile-
« de-Ré ; il fut saisi à son arrivée à la Chaume et

« on le fit remonter sur la chaloupe avec des hom-
« mes du fort qui prirent les habits de ceux qui
« étaient venus de la flotte. On remit la chaloupe
« en mer pour s'approcher à quelque distance des
« vaisseaux rochelais et obliger Foran de leur crier
« d'avancer; mais, dès que cet homme fut à portée
« d'être entendu, il se mit à crier de toutes ses
« forces, malgré les menaces de ceux qui l'accom-
« pagnaient et le poignard qu'ils lui tenaient sur
« la poitrine: *Trahison ! Trahison !* jusqu'à son
« dernier soupir, ce qui empêcha la flotte d'ap-
« procher et la sauva ! »

Jusqu'à l'époque de la reddition de La Rochelle,
le 30 octobre 1628, à la suite du fameux siège diri-
gé par Louis XIII et Richelieu, la ville des Sables-
d'Olonne continua à prendre une grande part à la
lutte terrible engagée entre les catholiques et les
protestants. De nombreux vaisseaux sortirent plusieurs fois du port des Sables pour aller grossir
l'armée navale de Louis XIII. De 1622 à 1628, le
duc de la Rochefoucauld, gouverneur du Poitou;
le duc de la Trémouille, seigneur d'Olonne; l'a-
miral de France Henri de Montmorency; le maréchal de Schomberg et plusieurs autres notables
personnages sont successivement venus aux Sables et au château de la Chaume pour y préparer
des approvisionnements de vivres et de munitions
et pour y prendre le commandement de diverses
flottes destinées à combattre les calvinistes. La
flotte qui se trouvait devant les Sables et à la tête

de laquelle vint se placer l'amiral de Montmorency le 14 septembre 1625 était composée de soixante
six vaisseaux, dont plusieurs avaient été mis à la
disposition de Louis XIII par les Hollandais.

Vers ce temps, Soubise qui croisait avec une
escadre sur les côtes du Poitou, essaya en vain de
prendre les Sables-d'Olonne par mer.

Quoique dominés par les catholiques, quelques
habitants des Sables avaient cependant de vives
sympathies pour les protestants de La Rochelle.
En 1626, au commencement du siège de La Rochelle, le syndic ou maire des Sables et le seigneur
de la Jarrie d'Olonne, ayant envoyé aux Rochelais des poudres et d'autres munitions de guerre,
furent pendus en chemise sur la *place du Moulin*,
appelée aujourd'hui *place Carcado* du nom d'un
colonel dont le régiment y a fait quelques travaux.

La ville des Sables, au commencement du
XVIIe siècle était arrivée à son plus haut degré
de prospérité; cependant elle ne formait point une
paroisse isolée et son église n'était qu'une simple
chapelle dépendant d'Olonne. Par mandement du
16 novembre 1622, elle fut érigée en cure par le
cardinal de Richelieu, évêque de Luçon. Pour
dédommager le curé d'Olonne qui s'était vivement
opposé à cet acte, il fut ordonné que la fabrique
des Sables paierait chaque année aux fêtes de
Noël à ce curé et à ses successeurs une somme de
dix livres tournois et « afin qu'il parût dans la
« suite que la susdite église paroissiale des Sables

2.

« avait été démembrée de celle d'Olonne, le curé
« des Sables était tenu, le jour de la nativité de
« la Vierge, de conduire processionnellement ses
« paroissiens à l'église de Notre-Dame-d'Olonne
« et de chanter les litanies dans ladite église. »
La rente a été payée et la procession a eu lieu jusqu'en 1789. Le curé était à la nomination du seigneur d'Olonne; mais il devait être agréé par l'é-
vêque de Luçon.

La ville des Sables, en comptant le faubourg de
la Chaume qui n'était pas encore réuni à la ville,
mais qui en formait une annexe naturelle, avait
alors, suivant des documents officiels et irrécusa-
bles, de quatorze à quinze mille âmes de population. Depuis cinquante ans surtout les étrangers y
affluaient et y faisaient un commerce fort étendu ;
son port passait pour un des plus commodes de
France, et l'on pouvait y voir jusqu'à *trois cents
barques ou navires chargés et à flot.* En 1668 les
officiers de l'amirauté furent chargés d'envoyer au
gouvernement le nombre et la qualité des vaisseaux appartenant à des particuliers dans les ports
de leurs juridictions. Cet état, qui se trouve encore aux archives de la marine, constate que la
ville des Sables avait cent-un vaisseaux. Pour apprécier toute l'importance de ce chiffre, on remar-
quera que, suivant le même état, Nantes n'avait
que quatre-vingt-neuf vaisseaux, Rouen, quatre-
vingt-quatorze et La Rochelle, trente-deux.

Après le siège de La Rochelle, Louis XIII ayant

donné l'ordre de détruire tous les châteaux et toutes les forteresses qui pourraient servir de retraite
aux protestants, le château de la Chaume ou d'A-
rundel fut démantelé et il n'en reste que les débris qui subsistent encore aujourd'hui. (1).

A partir de cette époque la prospérité maté-
rielle de la ville des Sables a rapidement décliné.
Les grandes guerres maritimes du règne de
Louis XIV ont décimé la population et l'ont dé-
tournée de la pêche de la morue qui était la source
de sa richesse. La marine olonnaise a été l'un des
principaux éléments avec lesquels le ministre
Colbert a constitué la grande armée navale de
Louis XIV. C'est des Sables que sont sortis les
plus intrépides matelots et les plus habiles pilotes
de la marine Française, dans le temps où, suivant
les expressions d'un de ses historiographes, elle
était *la plus puissante, la plus nombreuse et la plus
vaillante de toute l'Europe.* Dans toutes les grandes
batailles navales de cette époque, à la baie de
Bantry en 1689, à Messine en 1676, à la Hogue
en 1692, les Sablais ont pris une noble part aux
gloires maritimes de la France, sous les ordres de
leurs compatriotes des provinces de l'Ouest la

(1) Ce château venait d'être le théâtre d'une aventure
romanesque qui avait causé une grande agitation aux Sables, Le gouverneur, M. de Grandchamp, officier des che·
vaux-légers de Louis XIII avait enlevé dans la ville des
Sables une jeune et charmante personne, fille d'un rece-
veur des finances nommé Cardin. Ce rapt excita vivement la colère des Sablais qui prirent les armes, accouru·
rent à la Chaume et firent feu sur le château. L'affaire se
termina comme dans un roman par un mariage entre le
gouverneur et la belle sablaise.

marquis de Villette, le chevalier de l'Etenduè-
re, le chevalier de Coetlongon, le marquis de
Sainte-Hermine, le marquis de la Bretesche, etc.
Au combat de Velez-Malaga, le 24 août 1704 où
*les flottes combinées de l'Angleterre et de la Hollande
ne conservèrent pas,* de l'aveu de l'amiral hollandais, *trois mats d'avant de réserve,* il y avait cinq
ou six cents marins des Sables-d'Olonne, dont
plusieurs exerçaient les fonctions périlleuses de
commandants de brûlots.

En 1696, l'Océan avait été presque abandonné
aux flottes anglaises et hollandaises qui bombar-
dèrent plusieurs villes maritimes de la Bretagne,
de la Normandie et du Poitou. Le 17 juillet la
flotte anglo-batave, commandée par l'amiral hollandais Russel, se présenta devant les Sables.
L'amiral avait pris en mer un pêcheur de la ville
nommé Daniel Fricaud, qu'il avait contraint de
lui servir de pilote. Le patriote pêcheur, au lieu
de faire connaître au général hollandais que la
ville n'avait que cent vingt à cent cinquante mètres de largeur sur une longueur de sept cents,
lui dit au contraire qu'elle était aussi longue que
large. Les Hollandais et les Anglais tirèrent en
conséquence leurs projectiles ; deux mille bombes,
passant sur les maisons, allèrent à plus de trois
cents mètres tomber dans le port où ils ne firent
aucun mal, mais dans le quartier de la Chaume
quarante maisons furent détruites.

A la nouvelle de l'arrivée de la flotte anglo-batave huit ou dix mille hommes des paroisses voisines, ayant à leur tête la noblesse du pays, accoururent en vingt-quatre heures pour défendre les Sables, dont toute l'artillerie consistait en quatre vieilles pièces de canon et qui n'avait plus que des moyens de défense incomplets depuis la récente destruction du château d'Arundel.

Lorsque la flotte anglo-batave fut partie, on sentit la nécessité de mettre la ville des Sables en état de résister aux attaques des ennemis. Le maréchal de Joyeuse s'y rendit en 1697 et fit construire à la Chaume quelques fortifications qui existent encore. En 1746, 1750 et 1779, ces travaux ont été augmentés, et l'on a fait établir près de l'ancien château d'Arundel une ligne de retranchements capable de contenir un camp de vingt mille hommes.

Vers le milieu du XVIIIᵉ siècle les Anglais ont fait à l'égard des Sablais un trait de bravade peu digne d'une grande nation. Une flotille française d'environ cent quarante voiles marchandes, allant de Bordeaux en Bretagne et en Normandie, tomba la nuit au milieu d'une escadre anglaise commandée par un amiral qui croisait dans les parages de l'Ile-Dieu. L'amiral vint avec toute son escadre devant le fort de la Chaume, mit ses vaisseaux le cap à la terre et en cercle, fit entrer dans ce cercle les bâtiments français et se livra avec tout son équipage à de bruyantes et de joyeuses orgies aux yeux des Sablais exaspérés.

Dans l'année 1746, où la guerre éclata de nouveau entre la France et l'Angleterre, la ville des Sables fournit trois cents matelots aux flottes de Louis XV; elle avait cependant déjà diminué de plus de moitié depuis le règne de Louis XIII. La révocation de l'édit de Nantes, cruelle erreur de la vieillesse de Louis XIV, était venue, en même temps que la décadence de notre puissance navale et l'abandon de nos établissements maritimes, porter un coup mortel au commerce et à la navigation du Poitou. Le quartier de la Chaume surtout qui comptait beaucoup de protestants avait été désolé par les persécutions qui signalèrent les dernières années du grand roi. Le temple calviniste avait été détruit; des dragons avaient été placés chez les prétendus réformés, y vivant à discrétion, y commettant les plus odieux excès et enlevant les enfants que l'intendant de la province faisait mettre dans les couvents, aux frais de leurs parents.

L'Océan, qui avait été la cause de la prospérité de la ville des Sables, semblait vouloir lui-même travailler à la destruction de son propre ouvrage. En 1747, 1750 et 1751, la partie de la ville qui s'étendait au midi fut envahie par la mer, et plusieurs rues formées par une grande quantité de maisons furent renversées et sont maintenant remplacées par des dunes. Les sables arrachés de la côte et de la ville, avaient été entraînés dans le chenal et dans le port qui s'étaient encombrés et qui étaient devenus si mauvais que des barques

de quatre-vingts à cent tonneaux ne pouvaient y
entrer que pendant deux ou trois jours des vives
eaux. Divers travaux furent projetés pour conser-
ver le reste de la ville des Sables. De 1751 à 1756,
un mur d'enceinte fut construit au sud, le long de
la mer, pour couvrir la ville, mais il ne produisit
pas les résultats qu'on en attendait et, en 1760
plusieurs maisons furent encore détruites par l'O-
céan. En 1767, après avoir fait plusieurs autres
ouvrages d'amélioration, on construisit la belle
jetée qui s'avance au loin au milieu des flots et
qui, fixant le chenal le long du coteau de la
Chaume, opéra au midi de la ville des attérissements par suite desquels elle se trouva en sûreté
contre les entreprises de la mer. Pour ne pas per-
dre entièrement le mur construit de 1751 à 1756
sur le bord de la mer, on l'avait terminé dès 1763
par un pan coupé et l'on avait fait par derrière des remblais et des pavés au moyen desquels
il est devenu, sous le nom du *Remblai* une charmante promenade d'où la vue, s'étendant sur l'une
des plus belles plages de France, se perd dans
l'immensité de l'Océan.

Vers le milieu du XVIIIe siècle un maire et un
corps municipal furent institués pour la ville des
Sables dans la forme des administrations commu-
nales des autres villes. Par arrêt du conseil d'État
du 15 juillet 1747 un octroi y fut établi et, pour
en assurer la perception, on fit construire le mur
de clôture dont la première pierre fut placée le

14 août. Dans la même année 1747, on créa aux Sables, un bataillon de *miliciens garde-côtes*, espèce de garde nationale prise dans les paroisses situées sur le bord de la mer et chargée de la défense du littoral; ils furent réorganisés en 1778 sous le nom de *canonniers garde-côtes*.

En 1755, la Chaume fut réunie pour l'administration à la ville des Sables-d'Olonne. Les deux paroisses réunies n'avaient plus qu'une population de cinq mille cinq cents âmes, au lieu des quinze mille qu'elles comptaient au milieu du siècle précédent.

Lorsque vint la Révolution de 1789, il y avait aux Sables *un siège d'amirauté* chargé de rendre la justice sur toutes les causes maritimes du Poitou et sur tout ce qui se passait sur mer entre les sujets du roi; *un siège d'élection*, qui avait été créé en 1594 et qui était chargé de juger les différents en matière d'impôt; *un siège de traites* pour les divers droits de douanes; *un subdélégué de l'intendant*, *une brigade de maréchaussée*, un bureau de poste aux lettres, etc. La ville et la Chaume formaient, comme aujourd'hui, pour le spirituel, deux paroisses séparées, et il s'y trouvait des Bénédictins, des Capucins, des Dames de l'Union chrétienne et un Hôtel-Dieu tenu par les filles de la Charité. Le seigneur d'Olonne était seigneur de la Chaume et des Sables.

Les dix années de paix qui ont précédé la Révolution de 1793 avaient rendu quelque prospérité à la ville des Sables, et, sous le règne de Louis XVI, la marine olonnaise, ayant repris la pêche de la morue, envoyait encore trente navires au Grand-Banc de Terre-Neuve, mais la Révolution a anéantit ces derniers efforts de l'industrie sablaise. Les marins olonnais, recrutés pour les armées de la République et de l'Empire, ont succombé en partie dans les combats ou sur les pontons de l'Angleterre. Les armateurs ont été obligés de renoncer au commerce de leurs pères, et les grandes inclinations nautiques se sont perdues.

La ville des Sables, placée au centre des côtes de la célèbre Vendée, a profondément ressenti les agitations politiques du régime de la République. Un grand nombre de membres de la Convention Nationale et plusieurs officiers généraux s'y sont successivement établis pour y diriger les mesures concertées contre la Vendée; des comités révolutionnaires et des conseils de guerre y ont imposé le sanglant despotisme de la Terreur. Les passions y ont été d'autant plus vives que les événements de la Vendée, qui s'accomplissaient aux portes de la ville, y exerçaient une énergique réaction. L'horrible glaive des fureurs révolutionnaires de 1793, qui s'appesantissait sur les plus humbles comme sur les plus grandes têtes, a frappé aux Sables une La Rochefoucault à côté d'un grand nombre de bourgeois, de paysans et d'artisans suspectés de royalisme et d'aristocratie. La ville

des Sables-d'Olonne a été pendant quelque temps
le principal refuge des familles de la Vendée qui,
n'ayant point pris part au soulèvement des royalistes, avaient été obligées de quitter leurs foyers.

Elle est peut-être la seule ville de la Vendée
militaire qui n'ait point été occupée par les royalistes; elle a soutenu en 1793 un siège qui fait
honneur au courage de ses habitants et dont
l'histoire a mal-à-propos dédaigné jusqu'à présent
de faire connaître les détails. Les vendéens, commandés par Jolly et La Sècherie, se montrèrent
sur les hauteurs de *Pierre-levée*, à cinq kilomètres
des Sables, le 24 mars 1793. Cette apparition, au
moment où l'armée vendéenne venait de remporter
des succès dans le bocage, répandit l'effroi dans
la ville des Sables-d'Olonne qui s'attendit à être
bientôt assiégée. Cependant la présence d'une
faible garnison et la fermeté du conventionel
Gaudin qui se trouvait en mission dans la ville
soutinrent le courage des habitants. On se mit de
suite en devoir de résister, et la population s'ap-
prêta avec un zèle admirable. Une petite batterie
dite de l'*Estacade* qui avait été placée autrefois à
l'extrémité sud-est de la ville pour la défendre du
côté de la plage, le mur de l'octroi, les marais salants qui se trouvent à la suite de ce mur, le
chenal d'alimentation de ces marais furent utili-
sés avec tant de rapidité et d'habilité qu'avant
moins de trois jours ils présentèrent un système
de défense très-respectable, et que la ville des

Sables se trouva entourée de murailles flanquées de contreforts garnis de canons, de fossés pleins d'eau ayant sur leurs bords de solides épaulements, et de bastions armés de pièces d'artillerie qui pouvaient envelopper d'un réseau de feu toute l'enceinte de la ville du côté de la terre. Ce résultat remarquable prouve tout ce que peut une population lorsqu'elle est animée par des convictions ardentes et conduite par une autorité puissante et habile !

Le 27, le général vendéen Jolly, à la tête de 10,000 hommes, commença l'assaut des Sables du côté de la route de Talmond. Les soldats royalistes se ruèrent en vain plusieurs fois contre les fortifications improvisées des sablais; mitraillés par les assiégés, ils se retirèrent et furent poursuivis jusqu'à plus de quatre kilomètres.

Le lendemain 28 l'armée vendéenne, grossie d'un renfort considérable, se représenta devant les Sables et établit des batteries à *la Virée-d'Olonne*, à un kilomètre de la porte de Nantes. Toute la journée se passa des deux côtés en préparatifs.

Le 29, jour du *vendredi saint*, dès la pointe du jour, les batteries des assiégeants commencent leur feu. Leur artillerie, mal servie et dirigée maladroitement contre les solides épaulements en terre placés derrière les marais salants, ne produit aucun effet. Ils souffrent au contraire considérablement du feu des assiégés; ils tentent sans succès d'incendier la ville avec des boulets rouges. Aucune précaution n'ayant été prise pour dérober leurs munitions au feu des Sablais, leur principal magasin saute au moment où des paysans amènent de la poudre pour le compléter. La terreur se répand aussitôt dans les rangs de l'armée vendéenne contre laquelle les Sablais font une sortie vigoureuse et qui est mise en complète déroute.

Quoique la ville des Sables eut perdu toute son ancienne prospérité, elle a cependant fourni à la République et à l'Empire d'excellents marins, et le port, malgré son insuffisance et son état d'imperfection, a rendu de grands services à la France. Il n'était pas rare d'y voir refugiés deux ou trois cents bâtiments de commerce ou de transport. Des batiments de l'État y ont aussi plusieurs fois cherché un asile. Sous ce point de vue, la station de Sables est si importante que sa rade a toujours été, en pareille circonstance, le lieu de stationnement d'une flotille de bâtiments armés, chargés d'escorter les convois et de surveiller les corsaires ennemis.

La rade des Sables a été le 24 février 1809 le théâtre d'un combat naval qui est considéré comme l'un des plus glorieux de la marine française. Trois frégates françaises, La *Calypso*, capitaine Jacob; la *Cybèle*, capitaine Cocault; et l'*Italienne*, capitaine Jurien qui commandait la division, eurent à lutter sous les murs mêmes des Sables contre cinq navires anglais commandés

par le commodore Stopford; la *Défiance*, de 80 canons; le *César*, de 74; le *Donegal*, de 74; la frégate l'*Amélia*, et un brick. La division française,
sortie de Lorient pour rejoindre l'escadre de l'a-
miral Wilhaumez, avait rencontré en mer la division anglaise, et le commandant Jurien avait
pensé que, pour ne pas être enveloppé par des
forces si supérieures, il devait gagner la rade des
Sables-d'Olonne pour s'adosser contre la plage.
Il était neuf heures un quart quand les frégates
françaises laissèrent tomber l'ancre en faisant
embossure. Les voiles furent serrées avec préci-
pitation pour se disposer au combat. A neuf heures et demie les vaisseaux anglais arrivèrent. A
neuf heures trois quarts le vaisseau de 80 mouilla
par le bossoir de tribord du capitaine Jurien, à
demi-portée de pistolet, et les autres bâtiments
se tinrent sous voiles à petite portée de fusil. Le
commandant Jurien fit commencer le feu par sa
frégate. Le combat alors éclata sur toute la ligne
et devint terrible. On se foudroya de part et d'autre avec un acharnement que la colère de nos matelots, d'un côté, la confiance des anglais de l'autre,
rendaient encore plus furieux. Sur toute la rade
s'élevaient d'immenses tourbillons d'une fumée
noire que sillonnaient de leurs éclairs redoublés
des explosions formidables. Toute la ville émue
contemplait cet effrayant et glorieux spectacle.
Pendant les trois heures que dura la lutte inégale
soutenue si héroïquement par nos trois frégates,

elles n'eurent pas cent hommes mis hors de combat, tandis que le vaisseau ennemi le plus près d'elles fut horriblement maltraité. A la fin ne pouvant plus résister au feu meurtrier des français, le commandant anglais se décida à couper son cable pour prendre le large; mais, pendant cette évolution, son vaisseau tout-à-coup échoua, et, présentant sa poupe à la division française, il essuya pendant plus d'un quart d'heure le feu des frégates. Les cris de *vive l'Empereur* poussés par les équipages français annoncèrent que ce vaisseau allait succomber, quand soudain, par un bonheur inconcevable, il parvint à l'aide de ses voiles à s'éloigner. Toute sa poupe ne faisait qu'une vaste embrâsure. A midi et quart le combat avait cessé et les navires ennemis avaient abandonné le champ de bataille. Leur retraite était une fuite! On a appris depuis que le vaisseau du commodore avait eu 250 hommes hors de combat et que les deux autres vaisseaux avaient été presque aussi maltraités. Après le départ de l'ennemi, le capitaine Jurien entra dans le port des Sables au milieu des acclamations enthousiastes de la population. « Il est impossible, écri-« vit-il le lendemain au ministre de la marine, de « voir des frégates combattre avec autant de « constance des forces aussi supérieures ! »

Depuis cette grande journée, aucun évènement important n'a eu lieu dans la ville des Sables; le gouvernement impérial, qui en a fait le chef-lieu

d'une sous-préfecture, a ajouté quelques amélio-
rations à son port; mais l'Empereur méditait pour
ce port de plus grands projets que le temps et les
circonstances ne lui ont pas permis de réaliser.

Il appartenait à notre époque de préparer au
port des Sables l'accomplisement des hautes desti-
nees auxquelles il semble réservé par la nature.
Au moment même où j'écris ces lignes on exécute
aux Sables des travaux s'élevant à plus de deux
millions et ayant pour objet de commencer à faire
de ce port un grand établissement maritime. Le
chenal va être approfondi de manière à rendre le
port abordable aux navires de guerre et aux navires de commerce d'un fort tonnage. Le port
actuel d'échouage va être creusé jnsqu'au niveau
de la laisse de basse mer de vive eau, et il pré-
sentera, en moyenne, à haute mer de vive eau,
un tirant d'eau de quatre mètres neuf cent trente-
huit millimètres. Un bassin à flot, de la forme
d'un polygone irrégulier et de plus de cinq hec-
tares, indispensable pour le stationnement des bâtiments pour lesquels l'échouage est impossible,
va être établi latéralement au port d'échouage,
dans le vaste terrain appelé *Plage de la Cabaude;*
il pourra recevoir des batiments à vapeur de la
force de deux cent vingt chevaux. Le complément
de ces travaux sera l'exécution d'un système de
fortification nécessaire pour défendre la ville et le
port; ces projets de fortifications sont déjà arrêtés.
Ils s'élèveront à trois millions cinq cent mille francs

La ville des Sables est donc destinée à prendre dans un prochain avenir une grande place maritime. Plusieurs fois déjà on a parlé de faire de son admirable plage une vaste rade dans laquelle une flotte entière pourrait appareiller et entrer ou sortir à toute heure de la marée. Le grand arsenal de Rochefort si malheureusement envasé dans la petite rivière de la Charente ne pourrait-il pas être beaucoup mieux placé un jour aux Sables-d'Olonne?

La ville ne possède aucun monument remarquable. Il y a au séminaire une jolie petite chapelle dans le style grec avec un dôme dont les voûtes ont été peintes en grisailles par d'habiles artistes. L'église de la paroisse est propre et élégante à l'intérieur, mais elle n'offre aucun intérêt sous le rapport de l'architecture; on y trouve des traces de plusieurs styles qui indiquent un grand nombre de destructions et de restaurations successives. Le clocher qui a été renversé en partie ou qui n'a jamais été achevé est de la troisième période ogivale dont parait être également la construction primitive de tout l'édifice. Dans l'intérieur de l'église on trouve de toutes parts des petits navires suspendus aux voûtes par les marins ou par leurs familles par suite de vœux formés dans des moments de crainte ou de péril, touchants et respectables monuments de la foi des Sablais!

La population sablaise, bercée pour ainsi dire

par les vagues de l'Océan et élevée au milieu des naufrages et des tempêtes qui font sentir à l'homme toute sa faiblesse, est profondément religieuse. Habituée dès l'enfance à voir tout ce qui lui est cher livré aux caprices mystérieux de la mer et à confier toute son existence à la puissance invisible et inconnue qui agite et apaise la fureur des flots et qui leur dit : *vous n'irez pas plus loin*, elle a une tendance naturelle à la superstition. Sous le rapport physique comme sous le rapport moral, elle a une physionomie particulière. Les hommes du peuple, presque tous marins ou pêcheurs, sont vigoureux, intelligents, actifs et pleins de courage et d'énergie. Les événements malheureux dont leurs rivages sont le théâtre leur donnent sans cesse l'occasion de manifester le plus grand dévoûment. Les femmes sont généralement grandes et bien faites, elles ont les traits réguliers, les yeux beaux et expressifs, le teint un peu brun et la démarche vive et légère. Elles sont extrêmement laborieuses. Lorsque les hommes sont de retour de la pêche, qui est aujourd'hui la plus grande occupation du peuple sablais, ils se reposent le reste de la journée, et ce sont les femmes qui sont chargées de porter le poisson au marché, de laver et de raccomoder les filets, de nettoyer les chaloupes et de tout préparer pour la pêche du lendemain.

Les hommes ont un langage âpre, mais plein d'images; les femmes ont un choix extraordinaire

3.

d'expressions tendres et familières qu'elles prodiguent sur un ton sentimental qui leur est particulier. Le costume des hommes consiste le plus souvent dans une veste ou *vareuse* de matelot, un chapeau goudronné et un pantalon de toile. Quant aux femmes leur costume est, comme leur langue, très-pittoresque ; leur coiffe surtout est très-légère, très-gracieuse et très-coquette ; c'est un bonnet semblable à un cornet renversé dont le bord intérieur serait orné d'un triple rang de dentelles gauffrées. Les jours de travail les femmes sablaises n'ont que des jupons de couleur qui descendent à peine jusqu'aux genoux et qui laissent voir leurs jambes toutes nues; elles marchent aussi presque toujours pieds nus. L'hiver elles portent un curieux mantelet auquel est attaché, à la place de capuchon, toute une toison de gros flocons noirs de laine cardée descendant jusqu'au milieu du dos en forme de garniture arrondie.

La pêche est très-productive aux Sables. Les poissons y sont plus beaux, plus nombreux et meilleurs que sur la plupart des autres côtes. La pêche de la sardine surtout qui a lieu du mois de mai au mois de septembre, est une branche de commerce importante ; elle est destinée à prendre un grand accroissement lorsque, par les chemins de fer, on pourra transporter à Paris, dans toute sa fraîcheur, cet excellent clupé.

Depuis quelques années la ville des Sables voit

arriver tous les ans chez elle, pendant les trois mois de l'été, un grand nombre de familles de toutes les parties de la France qui viennent y prendre des bains de mer. Nulle part en effet on ne trouve une plage plus belle, offrant pour se baigner un lit de sable plus doux et plus uni et des eaux plus pures et plus limpides. A toute heure, à marée montante comme à marée descendante, on peut sur une étendue de plus de deux kilomètres d'un rivage réchauffé par les rayons du soleil, aller chercher les vagues tièdes et écumantes qui roulant, se déployant, et se brisant sur les baigneurs, produisent sur la santé de si salutaires effets. De beaux étrblissements se sont organisés dernièrement dans le but de créer, pendant la saison des bains, des centres de réunions et d'offrir des soirées, des bals, des concerts, des spectacles. Aussi, chaque année on voit augmenter le nombre de ceux qui, fuyant l'épaisse atmosphère des villes, viennent trouver aux Sables une mer magnifique, un air pur et sans cesse renouvelé par les brises océaniques saturées d'iode, de phosphore et de brome; une nature d'une étrange harmonie et fortement caractérisée par l'alliance et la lutte des deux grands éléments, la terre et l'eau ; des grèves solitaires et couvertes de coquillages variés; des falaises tourmentées ; des dunes de sable sillonnées de larges et profondes vallées où mugissent les vents, et enfin avec le calme et de la liberté de la campagne et de la retraite, tous les agréments d'une société brillante.

Une population vigoureuse, brave et intelligente comme celle des Sables a dû produire à toutes les époques des hommes remarquables. C'est du sein de cette population accoutumée aux fatigues et aux périls de la mer, qu'est sorti au milieu du XVII° siècle le chef des Flibustiers, Naud ou David, si célèbre sous le nom de l'*Olonnais* qui, après une longue série d'aventures et d'incroyables succès dans le nouveau monde, a été rôti et dévoré par les Indiens du golfe d'Aruba. C'est aussi aux Sables qu'est né à la même époque le marin Imbert qui, le premier de tous les Européens a pénétré jusqu'à l'extrémité des déserts de l'Afrique, et, nouveau Christophe Colomb, a révélé à la science les sources du Niger et la ville de Tombouctou près de deux cents ans avant Caillé auquel on a de nos jours, pour ce dangereux voyage, élevé une statue.

La ville des Sables a encore vu naître :

Le prêtre Audubon, supérieur général des missionnaires du Saint-Esprit et des sœurs de la Sagesse de Saint-Laurent-sur-Sèvre qui, sur la fin du XVIII° siècle dirigea avec habileté cette congrégation dont les établissements couvrent la France.

Le prêtre Gaudin, abbé et vicaire général de Nabbio, en Corse, conseiller au conseil souverain de cette île, mort en 1820 juge et bibliothécaire à La Rochelle; auteur de plusieurs ouvrages qui se distinguent par une diction pure, des définitions

lucides et des observations judicieuses, entr'autres un *Essai sur la législation de la Perse*, des *Re-
cherches historiques sur le célibat des prêtres*, et un
Voyage en Corse.

Le comte de Vaugiraud, l'un des plus braves et
des plus habiles officiers de la marine de Louis XVI
qui, après avoir fait partie en 1791 du rassemble-
ment des royalistes vendéens au château de la
Proutière, émigra, prit part aux expéditions de
Quiberon et de l'Ile-Dieu, devint en 1814 gouverneur de la Martinique et mourut aux Sables
en 1819 avec le grade de vice-amiral.

Le conventionnel Gaudin qui, au milieu des
passions politiques de 1793, eut la grande vertu de
la modération et qui, dans le procès de l'infortuné
Louis XVI, non seulement ne s'associa pas au
vote de mort de la majorité, mais qui eut le courage plus grand encore de le combattre avec énergie à la tribune, en face de l'échafaud de Robes-
pierre qui menaçait sa tête.

Le contre-amiral Gauthier, les capitaines de
vaisseau Garnier, Areau, Collinet; le colonel de
cavalerie Robert; les deux généraux Ocher, et, à
tous les degrés de la hiérarchie, beaucoup d'autres
non moins braves et non moins dignes, qui ont
noblement payé, depuis la République et l'Empire
jusqu'à nos jours, le tribut de la ville des Sables-
d'Olonne aux glorieuses armées de mer et de terre
de la France nouvelle. Parmi eux, il en est un surtout qui s'est acquis des droits à la reconnaissance

des Sablais, c'est le capitaine de frégate Guiné;
il a commandé longtemps la station de la flotille
des Sables chargée d'escorter les convois et de surveiller les corsaires sur les côtes de l'Ouest. Par
son intrépidité et son active surveillance, Guiné a
su, pendant dix ans, garantir la sûreté de nos
côtes, protéger le commerce et faire respecter le
pavillon français; il était la terreur des corsaires
anglais sur lesquels il a remporté des succès ex-
traordinaires. La ville de Nantes lui a offert une
épée d'honneur dès 1812; la ville des Sables lui
doit un monument !

Enfin, parmi les hommes qu'à produits la ville
des Sables-d'Olonne, il ne faut pas oublier, dans
un rang plus modeste mais non moins honorable,
le matelot Jamin qui vient d'être décoré de la Lé-
gion-d'Honneur pour avoir vingt fois sauvé quel-
ques-uns de ses concitoyens au péril de sa vie ;
c'est le type de ces nobles hommes du peuple sablais pour lesquels chaque naufrage, chaque acci-
dent de mer est une occasion nouvelle de montrer
un courage d'autant plus admirable qu'il n'est jamais le fruit de l'ivresse passagère du champ de
bataille, et qu'inspiré de sang-froid par le dévoue-
ment le plus pur et le plus désintéressé, il n'a
même pas pour but la gloire, ce mobile des grandes pensées et des grandes actions!!!